INHALTSVERZEICHNIS

Die Hasenschule 6-9
Fröhliche Osterzeit 10-13
Ostern für alle! 14-17
Früh übt sich 18-21
Endlich Ferien! 22-25
Endlich Ostern! 26-29
Immer Ärger mit den neugierigen Küken 30-33
Vorfreude ist die schönste Freude 34-37
Ein Fest für alle! 38-41
Fröhliche Ostern! 42-45
Die Meister-Maler 46-49
Die große Osterüberraschung 50-53
Ein schöner Tag 54-57
Damals! 58-61

MEINE LIEBSTEN
OSTERGESCHICHTEN

Die Hasenschule

An einem wunderschönen Frühlingsmorgen kommt Herr Lehrer Lampe in die 1. Hasenklasse und verkündet: „So, liebe Kinder, in sechs Tagen ist nun endlich Ostern. Eure Eltern sind schon eifrig mit den Vorbereitungen beschäftigt und wir wollen aus diesem Anlass alles wiederholen, was wir bisher über das Osterfest gelernt haben."

Die Hasenkinder Tini, Timmi und Tommi gehen zwar noch nicht lange zur Schule, doch haben sie in den vergangenen Unterrichtsstunden immer gut aufgepasst.

So wissen sie auch, dass die erwachsenen Hasen jedes Jahr im Frühling viele Stunden und Tage damit zubringen, aus weißen Hühnereiern bunt gemusterte Ostereier herzustellen. Die kleinen Kunstwerke werden dann am Ostersonntag, zur Freude aller Kinder, in Gärten und auf Wiesen versteckt. Für die Kinder ist das Eiersuchen ein Riesenspaß! Alle wetteifern darum, wer wohl die meisten Eier findet, doch am Ende wird immer gerecht geteilt. So gibt es keinen Streit.

Das Osterfest ist für viele Menschen das Zeichen, dass der lange Winter vorbei ist und der Frühling endgültig Einzug gehalten hat. Obwohl ... Tini, Timmi und Tommi können sich noch gut an das letzte Jahr erinnern: Da hatte es doch tatsächlich noch in der Osternacht geschneit! Unter einer ganz leichten Schneedecke blitzten hier und dort gelbe, rote und blaue Farbtupfer hervor. Auch die Abdrücke der kleinen Osterhasenpfoten waren ganz deutlich zu erkennen. So hatten es die Kinder recht einfach: Sie brauchten nur den Spuren im Schnee zu folgen und hatten im Nu alle Osternester gefunden.

In diesem Jahr aber lacht schon die warme Frühlingssonne vom Himmel, da wird das Eiersuchen kein Schneespaziergang werden!

Fröhliche Osterzeit

In der Zeit kurz vor dem Osterfest sind auch die Hühner des Bauernhofes sehr beschäftigt, denn jeden Tag gehen neue Bestellungen aus der Osterhasenwerkstatt ein. So sitzt die eine Hälfte der Hühnerschar von morgens bis nachmittags auf ihren Nestern und legt Eier, während die anderen Hühner alle

Eier nach Größe und Farbe sortieren. Es gibt schließlich große und kleinere, weiße und braune Eier. Dann werden sie noch vorsichtig poliert und gut verpackt, sodass sie auf dem Weg zum Osterhasen auch ja nicht kaputtgehen.

Leider können die Hühnerküken bei all dem Trubel noch nicht viel helfen. Ach, wie gern wären sie doch schon groß und könnten selbst auch Eier legen! Eines Tages hatten sie es sogar schon einmal probiert, doch selbst mit viel Geduld und Gegacker brachten sie kein Ei zustande, nicht mal ein klitzekleines. Es war zum Federnraufen!

So müssen sich die Küken die Zeit eben anders vertreiben: Wenn die Osterhasenlehrlinge kommen, um die Ware abzuholen, machen sie sich ab und zu einen Spaß und verstecken sich in den großen Kiepen zwischen den Eierkartons. Darin reisen sie als „blinde Passagiere" zur - eigentlich streng geheimen - Osterhasenwerkstatt. Die armen Lehrlinge sind schon so manches Mal erschrocken, wenn ihnen plötzlich die frechen Küken entgegenhüpften. Doch schließlich sollen alle ihre Freude am Osterfest haben!

Ostern für alle!

Manchmal muss der Osterhase recht beschwerliche Wege auf sich nehmen, um wirklich alle Kinder, die auf ihn

warten, glücklich zu machen. So lädt er jedes Jahr sein Boot voll Ostereier und rudert zu der kleinen Insel im See, auf der Familie Ente lebt. Puh, das ist ganz schön anstrengend! Doch schon am Steg erwarten ihn die aufgeregt schnatternden Entlein und freudig geht es an die Aufteilung der Geschenke. Das macht den Osterhasen froh und ein bisschen stolz! Dafür lohnt sich die Arbeit. Er will schließlich niemanden enttäuschen. Im letzten Jahr aber musste er das kleine Boot stehen lassen, denn der See war nach einem plötzlichen heftigen Wintereinbruch zugefroren. Glücklicherweise hatte er ja Schlittschuhe! Mit ihnen konnte der Osterhase Familie

Ente pünktlich ihre Geschenke überreichen.

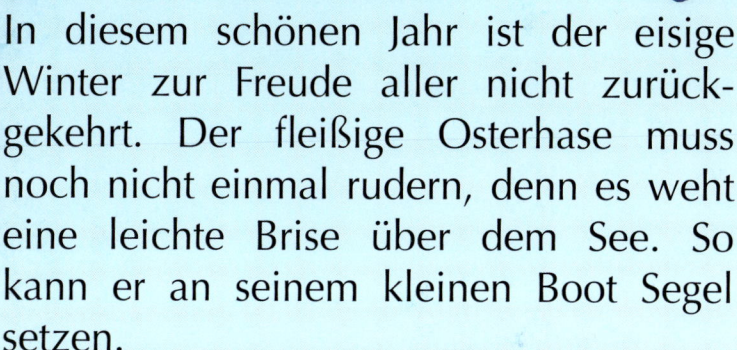

In diesem schönen Jahr ist der eisige Winter zur Freude aller nicht zurückgekehrt. Der fleißige Osterhase muss noch nicht einmal rudern, denn es weht eine leichte Brise über dem See. So kann er an seinem kleinen Boot Segel setzen.

Die Überfahrt gelingt auf diese Weise fast von allein und besonders schnell. Den kleinen Enten gefällt das schöne bunte Segel so gut, dass der Osterhase sie zu einer kurzen Ausflugsfahrt einlädt. Er hat noch ein wenig Zeit übrig, bis er die nächsten Kinder besuchen muss.

Früh übt sich

Hausaufgaben machen Spaß! Dieser Meinung ist jedenfalls Tini, das Hasenmädchen. Für sie gibt es zur Zeit nichts Schöneres, als auf einer grünen Frühlingswiese zu sitzen mit einem Korb voll Eiern, Pinsel, Farben und Wasserglas. Nachmittag für Nachmittag übt Tini die verschiedenen Muster, die sie in der Schule gelernt hat. So wird ein Ei nach dem anderen mit Blumen, Tupfen, Streifen, Pünktchen oder Kringeln verziert, die in den schönsten Farben leuchten.

Tinis Brüder Timmi und Klein Tommi denken darüber ein bisschen anders: Sie würden doch viel lieber selbst verstecken spielen, als Ostereier zum Verstecken zu verzieren.

Timmi seufzt: „So gut wie Papa oder Mama werde ich ja doch nie malen können." Da muss ihm Mutter Hase widersprechen: „Wir haben alle mal klein angefangen! Das, was wir heute können, haben wir durch viel Übung und Fleiß gelernt. Und das kannst du auch, Timmi! Du möchtest doch sicher bald ein richtiger Osterhase sein?" Ja, natürlich will Timmi das! Als er sieht, wie schön die Eier seiner kleinen

Schwester gelungen
sind, packt auch ihn
der Ehrgeiz. „Los Tommi,
wir versuchen's einfach
mal!", meint er entschlossen.
Und siehe da, schon nach kurzer Zeit
zaubern die beiden mit ihren geschickten
Händen, Pinsel und Farbe richtige kleine
Osterkunstwerke!
„Eigentlich viel zu schade zum Vernaschen",
sind sich alle einig.

Endlich Ferien!

Nun ist es bald so weit. Nur noch wenige Tage, dann ist Ostern. Bis dahin sind alle eifrig mit den Vorbereitungen beschäftigt. Diese machen, wie immer, besonders viel Arbeit. Selbst die Schüler der Hasenschule müssen helfen und freuen sich umso mehr auf die Ferien.

Die große Vorfreude ist auch nicht verwunderlich: Im letzten Jahr waren die Ferien einfach zu schön! Vor allem die Hasenkinder Tini, Tommi und Timmi erinnern sich gern an diese Zeit zurück.

Sie haben ein großes Fest gefeiert und all ihre Freunde zum Spielen eingeladen. Es gab viele leckere Süßigkeiten und sie hatten einen Riesenspaß beim Puppentheater. Der beste Puppenspieler ist Timmi, denn er kann so toll seine Stimme verstellen.

„Ich bin der große Osterhase und besuche heute alle Kinder", sagt er dann immer und spielt mit den Entenpuppen Lotte und Jonas für alle eine Abenteuergeschichte.
Die beste Geschichte im letzten Jahr war die Geschichte der kleinen Entchen auf dem Bauernhof.
Lotte sagte zu Jonas: „Lass uns den Bauernhof des Nachbarn erkunden!", und schon ging die Erzählung los.
Sie ärgerten die hungrigen Schweine, besuchten die fröhlichen Ponys und aßen zusammen mit den Hühnern Mittag.
Timmis Zuhörer fanden diese Abenteuer so spannend, dass sie es in diesem Jahr selbst versuchen wollen.
Die Eltern haben sie schon um Erlaubnis gefragt.

Und so werden sich die Hasenkinder und die kleinen Enten bei Ferienbeginn von Mama und Papa verabschieden, um alle gemeinsam den Bauernhof ganz in der Nähe zu erkunden.
Zusammen macht so ein Ausflug ja viel mehr Spaß!
Die Abenteuer, die sie dort erleben werden, wollen sie später im Puppentheater nachspielen.

Endlich Ostern!

Es ist noch ganz früh am Morgen, als Klein Tommi die Augen aufschlägt und langsam wach wird. „Irgendetwas ist heute anders", überlegt er schläfrig. Doch was kann das bloß sein? Da fällt es ihm plötzlich ein: Heute ist endlich Ostersonntag! Blitzschnell stürmt er ans Fenster und ruft dabei: „Tini, Timmi, aufwachen! Heute ist Ostern. Hurra, und die Sonne scheint!" Ja, das sah gestern noch ganz anders aus. Da stürmte es mächtig und ab und zu regnete ein Schauer nieder,

sodass die Kinder schon fast Angst hatten, das Osterfest würde dieses Jahr buchstäblich ins Wasser fallen.

Waschen und Anziehen werden heute Morgen viel schneller als sonst erledigt. Zappelig sitzen die drei nun am Frühstückstisch und warten auf die Erlaubnis von Mama Hase, endlich aufstehen zu dürfen. Warum die Geschwister so aufgeregt sind? Sie sind furchtbar neugierig zu sehen, ob Papa Hase auch für sie Ostereier versteckt hat. Als sie endlich hinaus in den Garten dürfen, schauen die Häschen unter jeden Busch und hinter jeden Baum, sogar unter die umgekippte Regentonne.

Die Ausbeute der drei kann sich sehen lassen. Tatsächlich haben sie beinahe mehr Eier gefunden als sie tragen können. Stolz präsentieren sie Mama Hase ihren Fund. „Und was ist euer liebstes Ostergeschenk?", fragt sie die Hasenkinder schmunzelnd.
Da sind sich Tini, Timmi und Tommi einig und rufen freudestrahlend:
„Dass Papa ab morgen wieder mehr Zeit für uns hat!"

Immer Ärger mit den neugierigen Küken

Die Küken freuen sich über die Osterzeit. Dann zieht auch der Frühling wieder ein und sie können endlich wieder im Freien spielen. Die Freunde Lise und Fritz haben sich vorgenommen, das schöne Wetter für einen Ausflug zu nutzen. Sie spielen gern mit den fröhlich bunten Schmetterlingen Fangen. Weil diese sich am liebsten auf den bunten Frühlingswiesen aufhalten, zieht es die beiden Küken auch dorthin. Auf der größten Wiese, die sie finden können, lassen sie sich schließlich nieder. Prompt schreit Lise: „Schau mal, gleich dort hinter dem Busch sind ganz viele Schmetterlinge. Wenn wir uns beeilen, fangen wir sie noch."

Leider sind die Küken zu langsam,

doch der Ehrgeiz hat sie gepackt und sie wollen unbedingt diese Schmetterlinge fangen. So laufen sie immer weiter, bis sie im Gras etwas Glänzendes finden. Die Überraschung ist groß, als sie ein Osterei erkennen. „Eines der Menschenkinder muss es hier übersehen haben. Wollen wir nachsehen, was sich darin verbirgt?", ruft Fritz.

Ganz vorsichtig öffnen sie das große Ei und finden jede Menge Schokoeier und Gummibärchen. Darüber freuen sie sich sehr.

Als die Küken mit dem Auspacken fertig sind, wollen sie alles zurück nach Hause bringen. Doch sie sind so weit gelaufen, dass sie den Heimweg nicht mehr finden können.

Zu Hause macht sich inzwischen Mutter Henne Sorgen um die Kleinen. Sie sind schon so lange fort. „Ich werde sie suchen", beschließt sie.

Jeder Winkel des Bauernhofes wird durchsucht, doch ohne Erfolg. Nun will sie auf der großen Wiese hinter dem Hof ihr Glück versuchen.

Schon von Weitem hört Mutter Henne lautes Rufen, und als sie die Stimme von Fritz erkennt, ist die Freude groß. Schnell läuft sie zu den beiden. Auch die Küken sind erleichtert und freuen sich nach diesem Abenteuer auf ihr warmes Nest und ein langes Schläfchen.

Vorfreude ist die schönste Freude

Puh, geschafft! Das war das letzte Ei, das fürs Osterfest bemalt werden sollte. Erleichtert und auch ein bisschen erschöpft lässt Osterhase Theodor Tupf seinen Pinsel sinken. Auch seine Frau Tina ist froh, dass die Eier für die letzte Lieferung rechtzeitig fertig geworden sind. Vorsichtig prüft sie, ob die Farbe bereits getrocknet ist, und legt dann ein Ei nach dem

anderen in einen Korb. Nun muss Familie Osterhase nur noch bis zum nächsten Morgengrauen warten, um all die bunten Kunstwerke in den Gärten der Menschen zu verstecken – eine Aufgabe, die besonders die Hasenkinder begeistert. Sie lieben es, darum zu wetteifern, wer von ihnen sich das allerbeste Versteck ausgedacht hat, das am schwersten zu finden ist. Auch in diesem Jahr werden sie – gut verborgen – die Eiersuche der Menschenkinder beobachten. Jedes der Hasenkinder hofft dabei, dass eines seiner Verstecke zuletzt entdeckt wird.

Bis es aber so weit ist, haben sich Theodor und Tina ein Päuschen verdient. Vergnügt holt der Hasenvater sein Akkordeon hervor und spielt seiner Frau und sich ein Ständchen.

Ein Fest für alle!

Heute ist der Tag vor Ostern. Ein fröhlicher Tag für Gretchen und ihre Brüder. Es sind nur noch wenige letzte Vorbereitungen für das Fest zu erledigen.

Gretchen hilft der Mutter gern beim Backen. Ihre Brüder kosten lieber nur vom leckeren Teig. Wie immer soll es einen köstlichen Osterkranz geben.

Doch in diesem Jahr kommt alles anders als sonst. Mitten in der Arbeit kommt Vater Karl Kaninchen nach Hause. Er geht immer einen Tag vor Ostern spazieren, um Verstecke für die Ostereier vorzumerken. Diesmal bringt er einen Gast mit. „Ich habe das Vögelchen hier während meiner großen Runde getroffen.

Es ist aus dem Nest über unserem Haus gefallen, und seine Eltern kommen erst heute Nachmittag zurück. Deshalb habe ich es erst einmal mitgenommen und eine Nachricht hinterlassen."

Die Kinder freuen sich über den neuen Freund zum Spielen. Schnell zeigen sie dem Vögelchen das ganze Haus und fragen, was es spielen möchte. „Ich spiele gern Verstecken", antwortet der Piepmatz. Da freuen sich die Kaninchenkinder noch mehr. Das ist auch ihr Lieblingsspiel und sie bestimmen gemeinsam, dass Peter, Gretchens ältester Bruder, als Erster suchen soll.

So vergeht die Zeit bis zum Nachmittag wie im Flug.

Plötzlich stehen die
Eltern des kleinen
Vogels vor der Tür und
möchten ihn abholen.
Der versteckt sich
schnell, denn er möchte
noch nicht wieder nach Hause.
Doch seine Eltern finden das gar
nicht lustig. „Komm heraus. Du kannst
nach Ostern wieder mit deinen neuen
Freunden spielen. Sie haben für das
Osterfest sicher noch viel vorzubereiten."
Da betteln auch die Kaninchenkinder:
„Wir hatten so viel Spaß zusammen, kann
Clemens nicht noch länger bleiben?"
Die Kanincheneltern laden Familie Vogel nun zum Osterfest ein. Schließlich
sollte auch ihnen das leckere Backwerk
schmecken und genug für alle gibt es auf
jeden Fall.

Fröhliche Ostern!

Familie Hase tritt aus ihrem Haus in dem hohlen, alten Baum und blinzelt in die Frühlingssonne. Die schickt ihre warmen Strahlen auf die Erde und erfreut die Bewohner in Wald und Feld.

Ein Frühlingssonntag wie aus dem Bilderbuch! Doch Lotta und ihr kleiner Bruder Leo haben heute keinen Blick für die über Nacht erblühten Osterglocken und hören auch nicht das übermütige Gezwitscher der Vögelchen. Nein, die beiden haben es heute Morgen furchtbar eilig aus dem Haus zu kommen, denn heute ist Ostersonntag! Und

am Ostersonntag wartet auf alle Kinder, auch auf die Hasenkinder, eine kleine Überraschung. Die jedoch will zunächst einmal gefunden werden! Eifrig begeben sich Lotta und Leo auf die Suche. Sie schauen unter jeden Busch, hinter jeden Baum, ja sogar unter die umgekippte Regentonne! Und tatsächlich: Hier und da blitzt ein sonnengelbes oder knallrotes Osterei durch das frische Frühlingsgrün. Leckere Naschereien aus Schokolade und Marzipan landen so in den Körbchen und natürlich auch „echte" Ostereier, liebevoll bemalt. Bald schon haben die Geschwister beinahe mehr Eier gefunden, als sie überhaupt tragen können.

Stolz präsentieren sie Mutter Hase ihre Ausbeute. Die freut sich mit den Kindern. „Aber nicht gleich alles auf einmal vernaschen!", mahnt sie Lotta und Leo. „Erinnert euch nur an letztes Jahr! Solche Bauchschmerzen möchtet ihr doch nie wieder erleben, oder?"

„Nie wieder!", rufen die beiden wie aus einem Munde. „Außerdem sind die wunderschönen Eier zum Vernaschen fast zu schade – aber nur fast!" Und Lotta lässt kichernd ein Schoko-Ei im Mund verschwinden.

Die Meister-Maler

Endlich ist der lange Winter vorbei und der Frühling ins Land gezogen! Die Bäume tragen ein hellgrünes Blätterkleid, es duftet nach dem frischen Gras der Wiesen, auf denen sich plötzlich ein ganzes Meer von bunt leuchtenden Frühlings- blumen ausgebreitet hat. Mindestens genauso prächtig schimmern die Eier, die Osterhase

Ferdinand Farbenfroh bereits verziert hat. Während des Winters hat der Meister-Maler viele neue Muster erdacht und ausprobiert, welche Farben sich besonders gut für den Eierschmuck eignen. Nun steht das Osterfest kurz bevor, und es gibt noch viel zu tun. Mit Farbpalette und Pinsel in der Hand arbeitet Ferdinand Farbenfroh vergnügt von Sonnenauf- bis Sonnenuntergang. Doch ohne seine fleißigen Helfer könnte er die viele Arbeit gar nicht schaffen! Titus Tintenfleck und Konrad Klecks müssen ständig für den Nachschub an Eiern sorgen. Jeden Tag besuchen die beiden Osterhasenlehrlinge daher den Hühnerhof im nächsten Dorf, dessen Bewohner in schöner Regelmäßigkeit ihre frisch gelegten Eier abgeben. Diese werden von Titus und Konrad nach Größe und Farbe sortiert, denn es gibt ja große und kleinere, weiße und braune Eier. Dann werden sie vorsichtig poliert und gut verpackt, sodass sie auf dem Weg zur Osterwerkstatt auch ja nicht kaputtgehen. In der geheimen Werkstatt wartet bereits Meister Ferdinand. Geduldig unterweist er die beiden Lehrlinge in der Kunst des Eier-Bemalens. Titus und Konrad sind sehr talentierte angehende Osterhasen. Gemeinsam erschaffen sie in kurzer Zeit richtige kleine Kunstwerke, von denen keines dem anderen gleicht.

Die große Osterüberraschung

Heute ist einer der ersten warmen Tage des Jahres. Nach einem langen, kalten Winter freuen sich Mensch und Tier und begrüßen die ersten Boten des Frühlings. Der hält in diesem Jahr noch vor Ostern Einzug. Deshalb kommen auch die lange vermissten Freunde, die Zugvögel, früher zurück in die Heimat.
Frederik Flausch hat bei diesem schönen Wetter gleich eine tolle Idee. „Mit meinen Freunden, den Vögeln, könnte ich als Überraschung für die Bewohner Hasentals ein großes Osterkonzert veranstalten."
Deshalb freut er sich besonders, dass bereits so viele seiner Freunde

zurückgekehrt sind. Der Chor für das geplante Konzert wird dadurch noch größer. Doch vorher muss Frederik natürlich alle von seiner Idee überzeugen.

Die kleinen Meisen sind sofort begeistert von seiner Idee. Die anderen Vögel, wie Star, Kuckuck, Drossel und die Nachtigall, muss er nach ihrem langen Aufenthalt in der Fremde erst überreden. Die Zugvögel hören von dieser Idee das erste Mal und wissen nicht so recht, ob sich die anderen Bewohner von Hasental freuen werden. Frederik versucht ihnen zu erklären: „Es war so lange kalt. Alle werden sehr überrascht sein, auch euch im Chor zu hören. So können sie sicher sein, dass der

Winter vorbei ist. Es wird sicher jede Menge Applaus geben."

Davon lassen sich die Vögel schließlich überzeugen, denn als leidenschaftliche Sänger freuen sie sich immer über Beifall. Am nächsten Tag beginnen die Proben für das Konzert. Obwohl sich alle so lange nicht gesehen haben, klappt die Zusammenarbeit prima. Auch das Konzert wird ein Riesenerfolg.

Die Bewohner Hasentals freuen sich so sehr, dass sie im Anschluss gleich alle zusammen weiterfeiern mit Kuchen und Möhrensaft für jeden.

Ein schöner Tag

Die Sonne scheint schon, als Osterhase Paul Pünktchen heute aus dem Haus tritt. Es ist der Tag nach Ostern und er freut sich, dass er heute nicht mehr arbeiten muss. Die Geschenke sind verteilt und alle Kinder sind glücklich.

Ein besonderer Tag wird es trotzdem für den Hasen. Er ist mit seinen Freunden verabredet und sie haben eine Überraschung für ihn.

Nachdem er ausgeschlafen hat, macht er sich auf den Weg zum verabredeten Treffpunkt. Auf seinem Spaziergang nimmt er nicht den kürzesten Weg zur großen Wiese im Park. Er geht lieber vorbei am Bach und beobachtet die Frösche. Danach geht er weiter zur großen Wiese, wo die ersten Blumen blühen und die Bienen, an-

gelockt von den warmen Sonnenstrahlen, Nektar sammeln. Dann eilt er weiter zu der Bank, wo er mit seinen Freunden verabredet ist.

Schon von Weitem sieht er die kleinen Mäuse und die Küken warten und ist ganz neugierig, was für eine Überraschung sie für ihn vorbereitet haben.

Als seine Freunde ihn kommen sehen, begrüßen sie ihn freudestrahlend. „Wir haben schon auf dich gewartet und hoffen sehr, dass du dich freuen wirst. Zum Dank für all die schönen Ostergeschenke, die du so fleißig ausgeliefert hast, haben wir ein Picknick für uns alle vorbereitet. Du bist unser Ehrengast", piepsen und gackern sie wild durcheinander. Denn jeder möchte sich als Erster beim Hasen für die schönen Ostereier bedanken.

Dann zeigen ihm die Freunde den großen Überraschungskorb, in dem die vielen leckeren Dinge für den Osterhasen versteckt sind. Mit einer großen Schleife und vielen bunten Frühlingsblumen ist er wunderschön geschmückt. Außerdem haben sie noch einige Briefe mitgebracht, von Menschen und anderen Freunden, die heute leider keine Zeit haben, sich aber auch bedanken möchten.

Gemeinsam teilen sich Paul Pünktchen, die Küken und die Mäuse alle Süßigkeiten und genießen den sonnigen Frühlingstag.

Damals!

Friedrich Feldhase ist unterwegs, um die Ostergeschenke zu verstecken. Seine Frau begleitet ihn in diesem Jahr. Allein würde er die Arbeit nicht schaffen. Weil keiner der beiden auf den kleinen Fritz, seine Schwester Frieda und den großen Bruder Felix achten kann, hat Familie Feldhase ihren Opa Heiner eingeladen. Er soll mit den Hasenkindern den Tag verbringen, damit sie nichts anstellen.

Die Geschwister freuen sich schon sehr auf ihren Opa. Sie haben ihn schon lange nicht mehr gesehen, und er erzählt immer die besten Geschichten.

Manchmal erfindet er neue Märchen, liest ihnen vor oder erzählt von seinem Leben als Osterhasenlehrling. Diese Geschichten mögen Frieda, Fritz und Felix am

liebsten. Schließlich werden sie selbst irgendwann zu echten Osterhasen ausgebildet.

Sie erfahren etwas über die täglichen Malübungen, wie man die besten Verstecke für die Ostereier findet, aber auch vom Unfug, den Opa mit seinen Schulkameraden anstellte.

Das klingt für die Kinder immer besonders interessant, denn immer nur arbeiten möchten sie nicht.

In der Geschichte, die er ihnen heute erzählt, geht es wieder um einen dieser Streiche.

„Einmal haben wir im Zeichenunterricht alle Pinsel und Farben versteckt und statt-

dessen Möhren in die Becher gestellt. Stellt euch das Gesicht des Lehrers vor, als er plötzlich dachte, er träumt noch."
Dabei stellt sich Opa Heiner in Position, hebt die Pfoten und macht dazu ein erstauntes Gesicht. Dann erzählt er weiter: „Aber nach dem kurzen Schreck musste der Lehrer selbst lachen und knabberte an einer der Möhren." Die Geschwister lachen laut los und bitten den Opa: „Mach noch mal so ein lustiges Gesicht!"
Mit solchen Späßen vergeht der Tag wie immer viel zu schnell.
Deshalb hoffen sie, dass der Opa sie bald wieder besuchen kommt.